J新書 32

日常会話

100万回ネイティブが使っている
英会話
決まり文句
厳選82

元NHKラジオ講師
リサ・ヴォート
Lisa Vogt

Jリサーチ出版

はじめに

▶英会話は"決まり文句"で楽(らく)になる！

英会話の多くのやりとりは、決まり文句さえ言えれば、スムースに流れます。
本書は

> ① 教科書にはないネイティブが100万回使い倒す表現を厳選
> ② 短い会話文が覚えやすい
> ③ 本場仕込(ほんばじこ)みの生(い)きた表現がたっぷり

という特長があります。

「ご都合いかがでしょう？」
「それは初耳だよ！」

など、日常会話から仕事場までどんな場面でも瞬間的に相手に伝わる「決まり文句」がアッという間にマスターできます。

▶丸暗記は不要。英文の構造、使うべきシチュエーションが一目でわかる！

「決まり文句」といっても、その言葉を使うシチュエーションがわからなければ使い物になりません。そのため、本書は

> ① 決まり文句を分解
>   →きちんと文構造を理解することで、覚えやすくなります
> ② 2人の人物が短い会話
>   →使うべきシチュエーションがすぐわかります

にフォーカス。英語には英語らしい発想というものがあり、日本語から英語に直訳するだけでは、どうしても外国人に通じません。本書に取り組むことによって、英語的な思考に基づく、生きた（＝すぐに現地で使える）英語表現を身に付け、英会話に役立ててください。

それではさっそく始めましょう。

リサ・ヴォート

CONTENTS

第1部　日常会話レベル1 ★

Part 1　あいさつ …………………………………………………………… 8
こんにちは／はじめまして／どうしてた？／相変わらずです／もう失礼しなきゃ／奥さんによろしく／お見送りありがとう／メールしてね／体に気をつけて

Part 2　依頼 …………………………………………………………… 22
つかぬことをうかがいますが／お安い御用です／お願いがあるんですが／ご都合いかがですか？／ちょっと手を貸してくれませんか？／ひとつ借りができたね

Part 3　注意 …………………………………………………………… 32
早ければ早いほどいい／これは秘密だけど／はやとちりしないで／それで結構です／予定より遅れている／ここは私に任せて／どうしてわかったの？

Part 4　同意・同情 ……………………………………………………… 44
どうりで！／それは一理ある／やってみる価値はある／それは意外ですね／論外です／そいつは困りましたね／残念だったね／しかたがないな／大目に見てやろうよ／済んだことをくよくよしなさんな／ないよりはましだよ

Part 5　やれやれ ………………………………………………………… 60
やれやれ…／何度言ったらわかるんだ／もううんざり…／もう我慢できない／余計なお世話よ／私にはどうしようもありません／それは何の意味もなさないよ

Part 6　びっくり ………………………………………………………… 72
うれしいことを言ってくれますね／こんなにうれしかったことはないよ／ひょっとして知ってる？／よくもまあそんなこと言えたもんだ／ヤバッ、忘れてた／こいつはまずいな／ああ、ほっとした／たいしたことではないよ

第2部　日常会話レベル2 ★★

Part 7　食事 ……………………………………………………… 86
何にする？／コーヒーでもどうだい？／どうぞ召し上がれ／お気に召すといいのですが／持ち帰ります／ここは私のおごりよ／気前がいいんだね、ありがとう／先に始めちゃいましょう／おつりはとっておいて

Part 8　話を聞く ……………………………………………… 100
なるほど／それでどうしたの？／そう思わない？／たしかにそうだね／ある点では、そうだね／ん、そうかな？／こいつは驚いたな

Part 9　ビジネスあいさつ …………………………………… 112
お噂はかねがねうかがっております／遠路はるばるお越しくださり、ありがとうございます／どうぞこちらへ／どうぞご自由に／ちょうど君の話をしていたところだよ／今のところ順調です／たびたび失礼します

Part 10　オフィスで …………………………………………… 124
こんなチャンスは二度とないぜ／うまくいけば、ね／それで思い出したよ／そりゃそうさ／自業自得さ／ちょっとボーっとしてた／それで思い出した／人ごとじゃないぞ

Part 11　前置き ………………………………………………… 136
手短かに言えば／お忙しいところ恐縮ですが／私の知るかぎりでは

英語索引 ……………………………………………………………… 142
日本語から引ける索引 …………………………………………… 151

本書の使い方

STEP 1
決まり文句の見出しを見ましょう。日本語でもよく使う決まり文句は、英語では何と言うでしょうか。

STEP 2
英文を見ただけでは、どうしてそんな意味になるのか分かりません。なので、しっかり英文を分解して、英語の構造を理解しましょう。丸暗記よりも確かな記憶につながり、自分なりに応用を利かせた英語表現も作れるようになるでしょう。

STEP 3
次に会話例を見てください。どんなシチュエーションで使うのか、想像しながら確認しましょう。

STEP 4
関連表現も覚えておくと便利です。

STEP 5
CDには各ダイアログ（会話例）の音声が日本語→英語の順で流れます。日本語のあとに数秒ポーズがありますので、分かったときは自分で言ってみましょう。

※英語の会話例は2回ずつ流れます。

第 1 部

日 常 会 話 レ ベ ル 1

日常会話レベル1

暮らしで使う
やさしい
決まり文句

日常会話レベル2

仕事でも使える
汎用性の高い
決まり文句

Part
1

あいさつ

ネイティブ 100万回 決まり文句 ①

こんにちは

Hi, there!

[ハイデア]

分解すると よくわかる

Hi,
こんにちは

＋

there!
そこにいる人（たち）

家族や職場の同僚、友人に対して使う気軽な挨拶です。there は「そこにいる人（たち）」というニュアンスで複数、単数どちらに対しても使うことができます。

 会話例

Hi, there!
こんにちは!

Hi, how are you?
やあ、調子はどうだい?

一緒に覚えよう!

Well, good morning there.（あら、皆さん、おはよう）
Hello there.（こんにちは、皆さん）

ネイティブ 100万回 決まり文句 ②

はじめまして

It's nice to meet you.

🔊 [イッ(ツ)ナイストゥミーチュー]

分解すると よくわかる

It's nice	to meet you.
うれしい	あなたに会って

How do you do? という表現も習ったことがあると思いますが、ネイティブスピーカーからすると少し堅いフォーマル寄りな感じがありますので、ほとんど（It's）nice to meet you. が使われます。

会話例

It's nice to meet you.
はじめまして。

It's nice to meet you too.
こちらこそ、はじめまして。

――― 一緒に覚えよう！ ―――

It's wonderful to meet you.（はじめまして）
It's good to meet you.（はじめまして）

ネイティブ 100万回 決まり文句 ③

どうしてた？

How have you been?

◉ [ハゥハ**ヴュ**ビン]

分解するとよくわかる

How
どのように

＋

have you been?
ここまで過ごしてきたか

この時点という点ではなく、「過去から今」というスパンのある期間を示すため、have been（過去完了の継続）を使っています。

 会話例

How have you been?
どうしてた？

I've been well, thanks.
元気だったよ、ありがとう。

一緒に覚えよう！

How are things?（どうしてる?）
How's it going?（どうしてる?）

ネイティブ 100万回 決まり文句 ④

相変わらずです

Same as always.

[セイマズ オーウェイズ]

分解すると よくわかる

Same
同じ

＋

as always.
いつもと

文頭には I am the が省略されています。I am the same（私は同じ）＋ as always（いつものように）と分解するとよく分かります。

会話例

How's it going?
調子はどうですか？

Same as always.
相変わらずです。

―緒に覚えよう！

Oh, there's nothing new.（変わらないよ）

ネイティブ 100万回 決まり文句 ⑤

もう失礼しなきゃ

Well, I'd better be going.

[ウェル アイド **ベダー ビィ ゴーイン**]

分解すると よくわかる

I'd better	**be going.**
～した方がいい	行く

be going はこれから何か用事があって行く"近い未来の予定"を表す進行形です。本当に用がなくても、帰りたいときにはよく使う言い方です。I'd better get going. と言っても同じ意味です。

会話例

Well, I'd better be going.
もう失礼しなきゃ。

I hope to see you again.
また会いましょう。

一緒に覚えよう！

Already? You just got here!（もう？着いたばかりよ）
Yeah, it's getting dark outside.（そうだね、外が暗くなってきた）
※相手に帰るよと言われたとき、こんなふうに返すことが多いです。

ネイティブ 100万回 決まり文句 ⑥

奥さんによろしく

Give my regards to your wife.

[ギヴマイ**リガー**ズトゥヨアー**ワ**イフ]

分解するとよくわかる

Give	my regards	to your wife.
与えて	私のよろしく(好意)を	あたなの妻に

regard は複数形にして「よろしく」という挨拶によく使います。regard という単語の意味は「尊敬」「尊重」「好意」です。

会話例

Give my regards to your wife.
奥さんによろしく。

Thanks, I will.
ありがとう、伝えるよ。

一緒に覚えよう!

Say hello to your daughter for me. (娘さんによろしくね)

ネイティブ 100万回 決まり文句 ⑦

お見送りありがとう

Thank you for seeing me off.

[センキューフォースィーインミィオフ]

分解するとよくわかる

Thank you	for seeing	me	off.
ありがとう	見る	私	去るのを

see + 人 + off で「〜を見送る」という意味です。

 会話例

Thank you for seeing me off.
お見送りありがとう。

My pleasure.
どういたしまして。

―緒に覚えよう!

I went to the airport to see him off. (彼を見送りに空港へ行った)

ネイティブ 100万回 決まり文句 ⑧

メールしてね

Email, OK?

🔊 [イーメールオケイ]

分解するとよくわかる

Email,
Eメールしてね

＋

OK?
わかった?

ネイティブスピーカーの普段づかいの英語はとてもシンプルです。これだけで十分に伝わるので、なにも長い英文を言う必要はありません。

会話例

Email, OK?
メールしてね。

I will. I promise.
絶対するよ。

一緒に覚えよう!

Keep in touch.（連絡してね）
I'll be looking forward to hearing from you.（連絡をいただくのを楽しみにしています）

ネイティブ 100万回 決まり文句 ⑨

体に気をつけて

Please take care.

[プリーズ **テイ**ッケア]

分解すると よくわかる

Please	take care.
どうか	面倒を見て

care というと「心配」という意味もありますが、「面倒を見る」「ケアする」という意味でもよく使います。ここでは後者の意味で「自分の面倒を見て」=「体に気をつけて」という決まり文句なのです。

会話例

See you, bye.
それじゃあ、またね。

Please take care.
体に気をつけて。

一緒に覚えよう!

Thank you. You too. (ありがとう、あなたもね)
※ Take care. に対する返しはこれをよく言います。

MORE!

ほかにもこの章のテーマに合う決まり文句があります。チェックしておきましょう。

❶ 会えてうれしいです。

It's great to see you!

❸ 昇進が決まったんだって。

I heard about your promotion.

❺ （最近どう？）ここ数カ月はたいへんだった。

(How have you been?)
→It's been a rough few months.

❼ 寄ってくれてありがとう。

Thanks for dropping by.

❷ 元気そうだね。

You're looking good.

❹ (最近どう？) わるくないよ。君は？

**(How have you been?)
→ Not bad. How about you?**

❻ もうこんな時間になっちゃった。

Well, it's getting late.

❽ 本当に会えてよかったわ。

It was really good seeing you.

 小テストだニャン

（　　　　　）の中にはどんな1語が入るでしょうか？

❶ こんにちは！
Hi, (　　　　)!

❷ はじめまして。
It's (　　　　) to meet you.

❸ どうしてた？
How (　　　　) you been?

❹ 相変わらずです。
(　　　　) as always.

❺ もう失礼しなきゃ。
Well, I'd (　　　　) be going.

❻ 奥さんによろしく。
Give my (　　　　) to your wife.

❼ お見送りありがとう。
Thank you for (　　　　) me off.

❽ メールしてね。
　Email, (　　　)?

❾ 体に気をつけて。
　Please take (　　　).

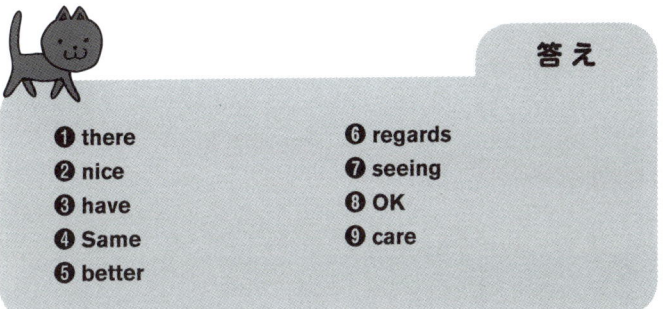

答え

❶ there
❷ nice
❸ have
❹ Same
❺ better
❻ regards
❼ seeing
❽ OK
❾ care

Part 2

依頼

ネイティブ 100万回 決まり文句 ⑩

つかぬことをうかがいますが

May I ask something?

🔊 [メァイ ア スク サムスィン ↗]

分解すると よくわかる

May I
〜してもいい

＋

ask something?
あることを尋ねて

May I 〜 ? で「〜してもいい?」と相手に聞くときに重宝する言い方です。ask のあとに your name など具体的に知りたいことを言ってもいいですが、前置きとして使いたいときは something がベストです。

CD 10 会話例

May I ask something?
つかぬことをうかがいますが。

Sure, go ahead.
どうぞ、遠慮なく。

一緒に覚えよう!

Excuse me for asking.（ちょっとお尋ねします）

ネイティブ 100万回 決まり文句 ⑪

お安い御用です

No sweat.

[ノウスウェッ(トゥ)]

分解するとよくわかる

No	**sweat.**
ない	汗

汗をかくこともない「軽い頼まれごと＝簡単な仕事」だというお決まり表現です。

会話例

Can you wipe the table for me?
テーブルを拭いてくれる?

No sweat.
お安い御用だよ。

一緒に覚えよう!

Nothing to it.（お安い御用です）
I'd be glad to.（喜んで）

ネイティブ 100万回 決まり文句 ⑫

お願いがあるんですが

May I ask a favor?

🔊 [メァィアスクァ**フェ**ィヴァ↗]

分解するとよくわかる

May I ask
頼んでいい?

＋

a favor?
願いごと

人にお願いごとをするときに使えるのが favor です。この favor という単語の意味は「親切な行為」「(相手の好意に訴える)願いごと」。それを ask(頼む)しているわけですね。ask ＋人＋ a favor (人に親切な行為をお願いする)。

 会話例

May I ask a favor?
お願いがあるんですが

What is it?
なに?

―― 一緒に覚えよう! ――

Would you do me a favor?(お願いがあるんですが)

25

ネイティブ 100万回 決まり文句 ⑬

ご都合いかが？

Can you make it?

[キャンニュ**メイ**ケッ↗]

分解するとよくわかる

Can you
〜できる

＋

make it?
そうなる

make といえば「作る」。その「作る」の中でも「何かを生みだす」という意味合いが強い動詞のため、make it は「時間を生みだす」→「都合をつける」という言い方で使われます。

CD 13 会話例

The show is at 1:00 on Sunday. Can you make it?
ショーは日曜日の1時だけど、都合つく？

Sure.
もちろん。

一緒に覚えよう！

Are you available?（ご都合いかがでしょうか？）

ネイティブ 100万回 決まり文句 ⑭

ちょっと手を貸してくれませんか？

Could you lend me a hand?

🔊 [**クッ**ジュ**レ**ンミィア**ハン**↗]

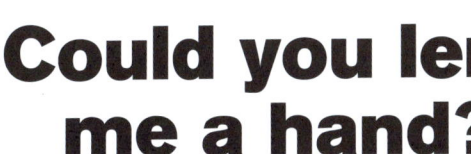

分解するとよくわかる

Could you	lend me	a hand?
～していただけますか	私に貸して	手を一つ

ちょっと手を貸してほしいときに使う定番の表現です。lendは「貸す」という意味で、rent「借りる」と間違えないようにしましょう。

CD 14 会話例

Could you lend me a hand?
ちょっと手を貸してくださらない？

Sure, what can I do for you?
もちろんいいよ、私に何ができるかな？

一緒に覚えよう!

Could you help me?（手伝ってくれる？）
I need your assistance.（あなたの助けが必要なの）

ネイティブ 100万回 決まり文句 ⑮

ひとつ借りができたね

I owe you one.

🔊 [アイ**オー**ユワン]

分解するとよくわかる

| **I owe**
私は借りている | **you one.**
あなたに1つ |

owe A Bで「AにBを借りている」状況を表します。ありがとう、この借りはいつかきっと返すよ、という感じで感謝の気持ちを示します。

会話例

I owe you one.
ひとつ借りができたね。

Don't mention it.
気にしないで。

一緒に覚えよう!

You owe me one.（ひとつ貸しができたね）
※こちらは反対で、「ひとつ貸しができたね」「貸しだからね」と言いたいときに使います。

MORE ! ほかにもこの章のテーマに合う決まり文句があります。チェックしておきましょう。

❶ 会議にご出席しますか？

May I ask if you're going to the meeting?

❷ お名前をうかがってもよろしいですか？

Do you mind my asking your name?

❸ お願いを聞いていただけるかしら？

I was wondering if you would do me a favor.

❹ していただきたいことがあるのですが。

Could I ask you to do something for me?

❺ もちろん、何でも言って。

Sure, anything.

❻ どんなこと？

What do you have in mind?

❼ お役に立ててうれしい。

I'd be happy to help.

❽ 次は私の番です。

Next time it will be my turn.

小テストだニャン

（　　　）の中にはどんな1語が入るでしょうか？

❶ つかぬことをうかがいますが。
May I ask (　　　)?

❷ お安い御用だよ。
No (　　　).

❸ お願いがあるんですが。
May I ask a (　　　)?

❹ 都合つく？
Can you (　　　) it?

❺ ちょっと手を貸してくださらない？
Could you lend me a (　　　)?

❻ ひとつ借りができたね。
I (　　　) you one.

答え

❶ something
❷ sweat
❸ favor
❹ make
❺ hand
❻ owe

Part 3

注意

ネイティブ 100万回 決まり文句 ⑯

早ければ早いほどいい

The sooner the better.

🔊 [ダスゥナーダベダー]

分解するとよくわかる

The sooner
早ければ

＋

the better.
なお良い

The 〜 the 〜 . の構文を覚えましょう。The more I know him, the more I love him.（知れば知るほどますます彼が好きになる）

 会話例

When should I finish this?
いつこれを終わらせればいいですか？

The sooner the better.
早ければ早いほうがいい。

一緒に覚えよう！

A.S.A.P. = **as soon as possible**（できるだけ早く）

33

ネイティブ 100万回 決まり文句 ⑰

これは秘密だけど

This is just between you and me.

[ディスイズジャスト ビトウィニュー エンミィ]

分解するとよくわかる

This is
これは

＋

just between you and me.
あなたと私の間だけ

between は2つのものの間を表します。This is just between us. でも同じ意味でOKです。

CD 17 会話例

This is just between you and me.
これは秘密だよ。

You can trust me.
私を信じて大丈夫よ。

一緒に覚えよう！

This is a secret.（秘密だよ）
This is for your ears only.（秘密だよ）

ネイティブ 100万回 決まり文句 ⑱

早とちりしないで

Don't jump to conclusions.

[ドンジャンプトゥコンク**ル**ージョンズ]

分解すると
よくわかる

Don't jump
飛ばないで

＋

to conclusions.
結論に

話を飛ばして、いきなり結論に急ごうとする相手を抑えるときの表現です。急ぎ足なところを動詞の jump がうまく表していますね。

 会話例

Did you accept the marriage proposal?
結婚のプロポーズを受け入れたの?

Don't jump to conclusions.
早とちりしないで!

一緒に覚えよう!

Hold your horses! (早とちりしないで)
※暴走する馬を抑えるところから由来する表現も同じ意味で使えます。

ネイティブ 100万回 決まり文句 ⑲

それで結構です

That's fine with me.

🔊 [ダッ(ッ)ファインウィズミィ]

分解するとよくわかる

That's fine
それが良い

＋

with me.
私には

これはいたって軽い「結構です」という感じの表現で、本当に「それがよい」と思っていなくても使います。with me はなくても OK。

CD 19 会話例

How about sashimi?
刺身料理でいいですか？

That's fine with me.
それで結構です。

一緒に覚えよう!

That's okay with me. (それで結構です)

ネイティブ 100万回 決まり文句 ⑳

予定より遅れている

I'm running behind schedule.

[アイム **ラ**ンニン **ビ** ハインスケ **ジオ**ッ]

分解するとよくわかる

I'm running
走っている

＋

behind schedule.
予定の後ろを

前に向かって進んではいる（run）けれども、遅れている（behind schedule）ことを一言で言い表します。

会話例

I'm running behind schedule.
予定より遅れています。

Hurry.
急いでください。

一緒に覚えよう！

That work is 3 days behind schedule.（その作業は予定より3日遅れている）
We are a week behind schedule.（私たちは1週間遅れている）

ネイティブ 100万回 決まり文句 ㉑

ここは私に任せて

Leave it up to me.

🔊 [リーヴィアップトゥミィ]

分解するとよくわかる

Leave it
それを放置して

＋

up to me.
私の責任（義務）に

ここでの it は下の会話例にあるように What am I going to do?（何をすればいいのか）を指しています。何をするかは私に任せておいて、という意味で使っています。

CD21 会話例

Oh, no! What am I going to do?
あらら! 私はどうすれば?

Leave it up to me.
私に任せて。

一緒に覚えよう!

You can depend on me.（私、頼りになるよ）

38

ネイティブ 100万回 決まり文句 ㉒

どうしてわかったの？

How did you know?

🔊 [ハゥディジュノー]

分解するとよくわかる

How did you
どうやって

＋

know?
知る

ここでの「わかる」は「気づく」「知る」という意味で使っていますね。

会話例 (CD 22)

You ate curry rice for lunch today, didn't you?
あなた今日のお昼にカレー食べたんじゃない？

How did you know?
どうしてわかったの？

一緒に覚えよう！

What makes you get it?（どうしてわかるの？）
※「何があなたを理解させた（要因）？」＝「どうしてわかる？」という make を使った表現もよく使います。

MORE！　ほかにもこの章のテーマに合う決まり文句があります。チェックしておきましょう。

❶ 秘密だよ。

Don't tell a soul.

❸ これは秘密だけど、大丈夫？

This is for your eyes only, do you understand?

❺ 最後まで聞いて。

Wait, hear me out.

❼ すぐに対処します。

I am on it.

❷ 秘密だよ。

Nobody is to know.

❹ ちょっと待って（早とちりしないで）。

Not so fast.

❻ それで結構です。

I'm happy right now.

❽ いったいぜんたいどうしてそんなことがわかるの？

How in the world do you know such things?

小テストだニャン

（　　　　）の中にはどんな１語が入るでしょうか？

❶ 早ければ早いほうがいい。
The（　　　　）the better.

❷ これは秘密だよ。
This is just（　　　　）you and me.

❸ 早とちりしないで！
Don't jump to（　　　　）.

❹ それで結構です。
That's（　　　　）with me.

❺ 予定より遅れています。
I'm running（　　　　）schedule.

❻ 私に任せて。
Leave it（　　　　）to me.

❼ どうしてわかったの？
（　　　　）did you know?

答え

❶ sooner
❷ between
❸ conclusions
❹ fine
❺ behind
❻ up
❼ How

Part 4

同意・同情

ネイティブ 100万回 決まり文句 ㉓

どうりで！

No wonder!

[ノゥ**ワ**ンダー]

分解するとよくわかる

No
〜でない

＋

wonder
〜かしら

wonder は「〜かしらと思う」という意味。No を頭につけることで「疑念の余地がない」、つまり「どうりで〜である」と表現できます。

会話例

She looks happy because he finally proposed to her.
彼女幸せそうね、彼氏がとうとうプロポーズしたから。

No wonder!
どうりで!

一緒に覚えよう!

That was the reason!（だからか！）

ネイティブ 100万回 決まり文句 ㉔

それは一理（いちり）ある

You've got a point.

[ユウヴ **ガダ ポ**ィン]

分解するとよくわかる

You've got
あなたはつかんでいる

＋

a point.
要点を

「なるほど、あなたはもっともなことを言っている」と言いたいときによく使うのがこれです。前から今現在も"継続"していることを表す have ＋過去完了の形ですね。

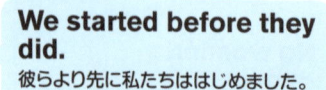

CD24 会話例

We started before they did.
彼らより先に私たちははじめました。

You've got a point.
それは一理ある。

一緒に覚えよう！

That makes sense. （理にかなっている）
I get the picture. （状況がわかった、読めた）

46

ネイティブ 100万回 決まり文句 ㉕

やってみる価値はある

It's worth a try.

[イッ(ツ)ワーサァトラーィ]

分解するとよくわかる

It's worth
価値がある

＋

a try.
一度試すこと

数を明確に表せるようになれば、ぐっと英語らしい表現ができるようになります。ここでは a try がポイント。一度やってみる価値があると言いたいときに使いましょう。

会話例

What do you think?
どう思いますか？

It's worth a try.
やってみる価値はあるよ。

一緒に覚えよう！

It's worth checking out.（行ってみる価値はあるよ）
※新しくできたレストランを試すときなど、これをよく使います。

ネイティブ 100万回 決まり文句 ㉖

それは意外ですね

I'm speechless!

[アイムスピーチレス]

分解するとよくわかる

I'm	speechless!
私は	ものが言えない

言語に絶するほどの激しい驚きがあった場合に使いますが、やや冗談めかして大げさに使うこともよくあります。

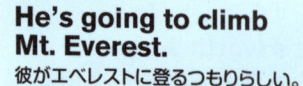

CD26 会話例

He's going to climb Mt. Everest.
彼がエベレストに登るつもりらしい。

I'm speechless!
それは意外ですね!

一緒に覚えよう!

Are you sure? Wow.(本当ですか? ワオ)

ネイティブ 100万回 決まり文句 ㉗

論外です

That's out of the question.

[ダッツ**ア**ゥダダ**ク エ**ッション]

分解するとよくわかる

That's	out of	the question.
それは	〜の外	質問

質問にもならないほどたわけたことに対する返事によく使います。「話しにならない」「絶対にダメ」というとき、使い倒します。

会話例

Can I take off for three weeks?
3週間お休みをもらうなんてできますでしょうか?

That's out of the question.
論外です。

一緒に覚えよう!

Impossible! (不可能です!)

ネイティブ 100万回 決まり文句 ㉘

そいつは困りましたね

We're in a tight spot.

[ウィアインナ**タ**イス**パ**ット]

分解するとよくわかる

We're
私たちは〜です

＋

in a tight spot.
困難な状況の中

tight spot は「困難な状況」「難局」という意味です。I am in a tight spot.（私は大ピンチだ）と自分のことにも使えます。

CD 28 会話例

The yen fell against the dollar again.
また円安が進みました。

We're in a tight spot.
そいつは困りましたね。

一緒に覚えよう！

How inconvenient.（そいつは困りましたね）
※コピー機が壊れたときなど、この表現もよく使います。

ネイティブ 100万回 決まり文句 ㉙

残念だったね

I'm sorry to hear that.

[アイム**ソー**リィトゥヒア**ダッ**]

分解すると よくわかる

I'm sorry
気の毒に思う

＋

to hear that.
それを聞いて

I'm sorry は「ごめんなさい」の意味だけではありません。「お気の毒に」「それは大変ですね」という同情の意味もあります。

会話例 CD29

I failed the test again.
またテストに落ちたよ。

I'm sorry to hear that.
残念だったね。

一緒に覚えよう!

That must be difficult for you. （お辛いことでしょう）

ネイティブ 100万回 決まり文句 ㉚

しかたがないな

It can't be helped.

🔊 [**イ**ッ(ツ)**キャ**ン(トゥ)ビィ**ヘ**ゥプトゥ]

分解するとよくわかる

It can't
できない

＋

be helped.
助けることが

困難な状況や不快な状況に直面して解決策がない場合によく使います。このフレーズの help は「助ける」の意味。can't で「どうにも助けられない」となります。

会話例

I don't like this seat.
この席は好きじゃない。

It can't be helped.
しかたがないよ。

一緒に覚えよう!

There's nothing you can do now. (しかたがないよ)
※今となってはその問題について対処できることはない、と言ってもOKです。

ネイティブ 100万回 決まり文句 31

大目(おおめ)に見てやろうよ

I'll overlook it this time.

[アイゥ**オ**ゥヴァ**ル**キッディスタイ(ム)]

分解するとよくわかる

I'll overlook	it	this time.
私は〜を見過ごす	それを	今回

overlookという単語がポイントです。over(過ぎる)とlook(見る)に分解でき、「〜を見過ごす」という意味があります。相手のミスを見過ごしてあげるという意味から、「大目に見てやろう」と使っています。

会話例

I'm sorry. I forgot the bags.
ごめんなさい。カバンを忘れました。

I'll overlook it this time.
今回は大目に見てやろう。

一緒に覚えよう!

I'll let it slide this time. (今回は大目にみてやろう)
※ slide は「つるっと抜け落ちる」という意味です。

ネイティブ 100万回 決まり文句 32

済んだことをくよくよするなよ

Get over it.

[ゲッ**オ**ーヴァーイッ]

分解するとよくわかる

Get over
乗り越える

＋

it.
それを

I got over my cold.（かぜが治りました）という表現と同じく、get over は「〜を乗り越える」「〜を克服する」という意味を持ちます。

CD 32 会話例

I can't believe he said goodbye to me!
彼が私にさよならを言うなんて信じられない!

Get over it.
済んだことをくよくよしなさんな。

一緒に覚えよう!

Come on, let's move on!（元気だせって）
※ move は、「次に行く・動く、とどまらない」です。

ネイティブ 100万回 決まり文句 ㉝

ないよりはましだよ

Better than nothing.

[ベダァデンナッスィン]

分解するとよくわかる

Better than
〜よりまし

+

nothing.
何もない

ゼロ（nothing）よりはまし（better）。比較表現を使います。

会話例

What a small bonus!
ボーナス、少ないなー!

Better than nothing.
ないよりはましだよ。

一緒に覚えよう!

(That's) much better than nothing.（何もないよりはずっとましだろ）
※さらに強調したいとき、比較級には程度の副詞 much を使います。

MORE ! ほかにもこの章のテーマに合う決まり文句があります。チェックしておきましょう。

❶ (やっと) 今わかった。

Now I see.

❸ 困ったことになった。

We're in a pickle.

❺ あらら。

Oh, well.

❼ 覆水盆に返らず。

What has happened has happened.

❷ ちょうどいい。

It's just right.

❹ なんて残念なことなの（がっかり）。

What a bummer.

❻ 今を生きようよ。

Stop living in the past.

❽ 少しだけどゼロよりまし。

It's not much but it is something.

小テストだニャン

（　　　　）の中にはどんな1語が入るでしょうか？

❶ どうりで！
　No （　　　　）!

❷ それは一理ある。
　You've got a （　　　　）.

❸ やってみる価値はあるよ。
　It's （　　　　） a try.

❹ それは意外ですね！
　I'm （　　　　）!

❺ 論外です。
　That's out of the （　　　　）.

❻ そいつは困りましたね。
　We're in a （　　　　） spot.

❼ 残念だったね。
　I'm sorry to （　　　　） that.

❽ しかたがないよ。
It can't be (　　　).

❾ 今回は大目に見てやろう。
I'll (　　　) it this time.

❿ 済んだことをくよくよしなさんな。
(　　　) over it.

⓫ ないよりはましだよ。
(　　　) than nothing.

答え

- ❶ wonder
- ❷ point
- ❸ worth
- ❹ speechless
- ❺ question
- ❻ tight
- ❼ hear
- ❽ helped
- ❾ overlook
- ❿ Get
- ⓫ Better

Part 5

やれやれ

ネイティブ 100万回 決まり文句 ㉞

やれやれ・・・

Oh dear.

[オーディア]

分解するとよくわかる

Oh
おや

＋

dear.
まあ

dear には「おや、まあ」「やれやれ」など軽い驚きや落胆の気持ちが込められます。dear には「親愛な」「大切な」という意味がある通り、親しい人に向かって使います。

会話例 (CD 34)

Now I can't find my keys!
今度は鍵が見つからない!

Oh dear.
やれやれ・・・

一緒に覚えよう!

My goodness.（なんてこった）

ネイティブ 100万回 決まり文句 ㉟

何度言ったらわかるんだ

How many times do I have to repeat myself?

[ハウメニィタイムズドゥアイハフトゥリピーマイセォフ]

分解するとよくわかる

How many times
いったい何回

+

do I have to
〜しなければならない

+

repeat myself?
繰り返し言う

何回も繰り返し言うことを repeat myself を使って表現できます。How many times には「いったい何回」言わせるんだという怒りの感情を込めます。

CD35 会話例

How many times do I have to repeat myself?
何回言ったらわかるの?

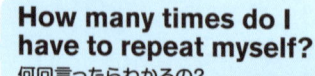

I apologize. It won't happen again.
ごめんなさい。これで最後です。

一緒に覚えよう!

I'm tired of saying this to you over and over. (何回もあなたにこれを言うのに疲れました)

62

ネイティブ 100万回 決まり文句 ㊱

もううんざり

Enough is enough.

[イナッフズィナッフ]

分解するとよくわかる

Enough is
十分は

+

enough.
十分

enough って言ったら enough よ、と強調している感じですね。かなりうんざり来ている状況のときによく使います。

会話例 CD36

You left the light on, forgot to take out the trash, didn't clean up, broke the ...
電気つけっ放しだし、ごみは捨て忘れるし、整理はしていないし、壊すし・・・

Enough is enough.
もううんざりよ。

一緒に覚えよう!

Give me a break. (かんべんして)

63

ネイティブ 100万回 決まり文句 ㊲

もう我慢できない

I can't take it any more.

[アイキャンテイキッエニィモア]

分解するとよくわかる

| **I can't** 私はできない | + | **take it** それを受け入れる | + | **any more.** もはや |

take という基本動詞を使うのが意外かもしれませんが、決まり文句ではカンタンな単語を使うことが多いのです。

CD 37 会話例

I can't take it any more.
もう我慢できない。

What happened?
何があったの?

一緒に覚えよう!

No more. (これ以上はもういや)

64

ネイティブ 100万回 決まり文句 ㊳

余計なお世話よ

It's none of your business.

[**イ**ッツナナビュア**ビ**ズネス]

分解するとよくわかる

It's
それは

+

none of your business.
あたなの事柄ではない

none は「〜のうちで誰も（何も）…ではない」という意味です。強めの言葉なので怒っているときや緊迫した状況でもよく聞きます。

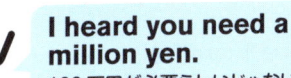

会話例

I heard you need a million yen.
100万円が必要らしいじゃない。

It's none of your business.
余計なお世話よ。

一緒に覚えよう!

I don't need your opinion. （余計なお世話よ）

ネイティブ 100万回 決まり文句 ㊴

私にはどうしようもありません

My hands are tied.

[マイ**ハン**ザー**タ**イッ(ドゥ)]

分解するとよくわかる

My hands
私の両手が

＋

are tied.
結ばれている

両手がふさがり、にっちもさっちもいかなくなって動けない状況で使う定番の表現です。

CD 39 会話例

My hands are tied.
私にはどうしようもありません。

Maybe I can help.
僕が手を貸してあげられるかも。

一緒に覚えよう!

There's nothing that I can do about it. (私にはどうしようもありません)

ネイティブ 100万回 決まり文句 ㊵

それは何の意味もなさないよ

That won't do it.

[ダッ(ツ)ウォンドゥイッ]

分解するとよくわかる

That	+	won't do	+	it.
それは		〜役に立たない		それ

won't は will not の略式形。直訳すると「〜しないだろう」という意味ですが、「何も do しない」というニュアンスから「役に立たない」「そんなものでは間に合わない・用をなさない」ことを示します。

CD 40 会話例

I will ask the bugs to please stay away from my plant.
あの昆虫に植物から離れるよう頼んでみるわ。

That won't do it.
それは何の意味もなさないよ。

一緒に覚えよう！

Nonsense!（意味ないよ！）
※このようにシンプルに言うことも多いです。

MORE! ほかにもこの章のテーマに合う決まり文句があります。チェックしておきましょう。

❶ とんでもない。

That is unthinkable.

❸ 二度と言いません。

I'm not saying this again.

❺ やれやれ。(安心したとき)

Whew!

❼ 私の手を離れました。

It's out of my hands.

❷ 今回は彼は僕に甘かった。

He went easy on me this time.

❹ やれやれ。(困ったとき)

Oh, boy.

❻ もうこれ以上ダメ。

I've had it.

❽ 他のやり方を試してみては。

Maybe you should try some other way.

小テストだニャン

（　　　）の中にはどんな1語が入るでしょうか？

❶ やれやれ・・・
Oh （　　　　）.

❷ 何回言ったらわかるの？
How many times do I have to （　　　　） myself?

❸ もううんざりよ。
（　　　　） is enough.

❹ もう我慢できない。
I can't （　　　　） it any more.

❺ 余計なお世話よ。
It's none of your （　　　　）.

❻ 私にはどうしようもありません。
My hands are （　　　　）.

❼ それは何の意味もなさないよ。
　That（　　　）do it.

答え

❶ dear
❷ repeat
❸ Enough
❹ take
❺ business
❻ tied
❼ won't

Part 6

びっくり

ネイティブ 100万回 決まり文句 ㊶

うれしいことを言ってくれますね

You just made my day!

[ユージャス メイ(ド) マイデイ]

分解すると よくわかる

You just	made	my day!
あなたはたった今〜	作った	私の日を

喜びと感謝のお決まり表現です。You just 〜は「たった今〜してくれた」であり、make my day は「(何もない日だったのに)私の一日を素晴らしいものにしてくれた」という意味。

会話例 CD41

You have a lovely voice.
素敵な声だね。

You just made my day!
うれしいことを言ってくれますね!

一緒に覚えよう!

What a sweet thing to say! (なんてうれしい言葉なんでしょう!)

ネイティブ 100万回 決まり文句 ㊷

こんなにうれしかったことはないよ

I've never been happier.

[アイ(ヴ)ネヴァビーンハピアー]

分解するとよくわかる

I've never
これまで一度もない

＋

been happier.
これ以上の幸せ

happier のあとに than now が省略されています。「今ほど」幸福だったことは一度もなかった、という最上級のうれしい感情表現です。

CD42 会話例

I got this especially for you.
これを特別にあなたへ。

I've never been happier.
こんなにうれしかったことはないよ。

一緒に覚えよう！

I am over the moon!（天にも昇るうれしい気持ちです！）
※ちょっとおしゃれなイディオムです。男性・女性問わずよく使います。

ネイティブ 100万回 決まり文句 ㊸

ひょっとして知ってる？

Do you happen to know

[ドゥユーハプントゥノウ]

分解するとよくわかる

Do you	＋	happen to	＋	know
あなたは		ひょっとして		知っている

happen は物事が偶然に「起こる」ことを表す動詞です。ハプニング(happening) という和製英語にも「たまたま」「偶然」というニュアンスが生きていますね。

会話例 CD 43

Do you happen to know his phone number?
彼の電話番号をひょっとして知ってる？

I'm afraid not.
あいにく知らないんだ。

一緒に覚えよう!

I happened to meet Kathy there. (たまたまそこでキャシーに会った)
= I met Kathy there by accident.

ネイティブ 100万回 決まり文句 ㊹

よくもまあそんなこと言えたもんだ

How could you say such a thing?

[ハウクッジューセイサッチャスィン]

分解するとよくわかる

How could you	+	say	+	such a thing?
どうやって		言う		そんな(ひどい)こと

How を使うところがポイント。「どうやったら、そんなひどいことが言えるのか？」という言い回しで、「よくもまあ」と相手の辛口を非難します。

会話例

You're really worthless!
あなたは本当に役立たずよ!

How could you say such a thing?
よくそんなひどいことを言えたもんだね。

一緒に覚えよう!

How dare you say that? （よくそんな口がきけるな！）

76

ネイティブ 100万回 決まり文句 ㊺

ヤバッ、忘れてた

It slipped my mind completely.

[イッスリップドマイマインカンプリートゥリィ]

分解すると よくわかる

It slipped
それは滑り落ちた

＋

my mind
私の頭を

＋

completely.
完全に

slipped my mind で「うっかり忘れる」「ど忘れする」です。forget（忘れる）を使うより、「思いがけず」というニュアンスを出すことができます。

CD 45 会話例

Did you pick up the bags?
カバンを持ってきた?

Oh no! It slipped my mind completely.
ヤバッ、忘れた。

一緒に覚えよう!

Your name has slipped my mind.（お名前を忘れてしまいました）

ネイティブ **100万回** 決まり文句 ㊻

こいつはまずいな

Here comes trouble.

[ヒアカムズ **ト**ゥラボゥ]

分解するとよくわかる

Here	+	comes	+	trouble.
ほら		来ている		トラブル

here は「ここに」という意味の副詞ですが、倒置構文で使うと「ほら」とか「さあ」といった注意を促す言葉になります。

会話例

Big G is walking this way.
ジャイアンがこっちに向かって来るよ。

Here comes trouble.
こいつはまずいな。

一緒に覚えよう!

That's a bad sign.（まずいことが起きそうな兆しを見て）こいつはやばいな。
※会話例の Big G は米国版ドラえもんのジャイアンのこと。のび太は Noby（ノビー）、しずかちゃんは Sue（スー）、スネ夫は Sneech（スニーチ）という呼び名です。

ネイティブ 100万回 決まり文句 47

ああ、ほっとした

I'm relieved!

[アイム **リリーヴトゥ**]

分解すると**よくわかる**

I'm	relieved!
私は	安心した

relieve には「（不安・苦痛）を取り除く」という意味があります。つまり、be relieved で「不安が取り除かれた＝安心した」になります。

会話例

He's coming soon.
彼はまもなく来るようです。

I'm relieved!
ああ、ほっとした。

一緒に覚えよう！

I'm reassured.（ほっとしました）
※ assure（保証する）に re がつくと「再度保証される」＝「安心した」となります。

ネイティブ 100万回 決まり文句 ㊽

たいしたことじゃない

It's no big deal.

[イッ(ツ)ノウビッディール]

分解するとよくわかる

It's
それは

+

no
〜でない

+

big deal.
大きなこと

相手が必要以上にあなたのやったことを褒めたり、感謝したりする場合によく使います。It's not a big deal. でも同じです。big deal は「大したもの」「大事なこと」というような意味で、それを no で否定しています。

CD 48 会話例

You saved me!
あなたは私を救ってくれました。

It's no big deal.
そんなたいしたことではありませんよ。

一緒に覚えよう!

Don't mention it.（たいしたことじゃない／いいのよ／礼にはおよばない）

MORE!

ほかにもこの章のテーマに合う決まり文句があります。チェックしておきましょう。

❶ (あなたといると) すごく楽しい。

You make me happy.

❷ 最高だ！

I'm on top of the world!

❸ おっと、たぶん君は知らなかっただろう。

Oops, maybe you didn't know.

❹ 今わかったかい？

Did you just find out?

❺ おっと、ほとんど忘れてたよ。

Oh, I almost forgot.

❻ イヤな方向に向かうかも。

This could turn sour.

❼ とってもうれしい！

I'm so glad!

❽ なんて言えばいいのか分からない。

I don't know what to say.

小テストだニャン

（　　　）の中にはどんな1語が入るでしょうか？

❶ うれしいことを言ってくれますね！
You just (　　　) my day!

❷ こんなにうれしかったことはないよ。
I've (　　　) been happier.

❸ 彼の電話番号をひょっとして知ってる？
Do you (　　　) to know his phone number?

❹ よくそんなひどいことを言えたもんだね。
(　　　) could you say such a thing?

❺ ヤバッ、忘れた。
Oh no! It (　　　) my mind completely.

❻ こいつはまずいな。
(　　　) comes trouble.

❼ ああ、ほっとした。
I'm (   )!

❽ そんなたいしたことではありませんよ。
It's no big (   ).

答え

❶ made
❷ never
❸ happen
❹ How
❺ slipped
❻ Here
❼ relieved
❽ deal

> コラム

エレベーターの中のエチケット

　みなさんが海外（とくに英語圏）でエレベーターに乗る機会があれば、覚えておいてほしいことが3つあります。

　1つ目は **Ladies First**（レディーファースト）。乗るときも降りるときも、女性が先というエチケットです。

　2つ目は、**Short eye contact**（目配せ）。エレベーターに乗り込むとき、すでに乗っている人たちと軽く目を合わせましょう。日本でいう小さな会釈や、**"Hi!"** という軽いあいさつ代わりになります。

　3つ目は、エレベーターで使える決まり文句です。

①誰かがドアを押さえてくれていたら、**"Thank you"**（ありがとう）と礼を言いましょう。

②ボタンの近くにいたのなら、**"What floor?"**（何階ですか？）と尋ねてあげましょう

③混み合うエレベーターから人をかき分けて降りるときは、**"I'm getting out."**（降ります）とはっきり言いましょう。みんなが道を開けてくれるはずです。道を開けてくれた人には **"Thank you"** を忘れずに。

④エレベーターの中が自分を含めて2人か3人くらいのとき、英語圏では黙って時間をやり過ごすことがちょっと不自然です。例えば、乗り合わせた人が素敵な靴を履いていたら、**"Your shoes are cool!"**（あなたの靴、カッコいいですね！）など、ひとことふたこと話してみるのもいいでしょう。

⑤最後に、どんなシチュエーションでも使える丁寧な決まり文句が **"After you."**（お先にどうぞ）です。誰かに先を譲るとき、ぜひ **"After you."** を使ってみてください。

第 2 部

日 常 会 話 レ ベ ル 2

日常会話レベル1

暮らしで使う
やさしい
決まり文句

日常会話レベル2

仕事でも使える
汎用性の高い
決まり文句

Part 7

食事

ネイティブ **100万回** 決まり文句 ㊾

第2部 Part.7 食事

何にする？

What do you have a taste for?

[**ワ**ドゥユハヴァ**テ**イスフォー]

分解するとよくわかる

What do you	+	have	+	a taste	+	for?
あなたは何が		持つ		好み		どういう方面の

このa tasteで「味見」という意味がありますが、ここではtaste forとしているので「どういう（方面の味に）好み」があるかな、と聞く表現で、テーブルについたら、またはどこで何を食べようかと考えるとき、いつも口にする言葉です。

CD 49 会話例

What do you have a taste for?
食事、何にしようか？

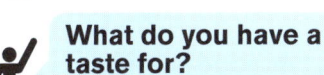

I have a taste for sushi tonight.
今夜は寿司の気分だな。

一緒に覚えよう！

What you feel like eating?（何が食べたい？）
I'd like pancakes.（ホットケーキが食べたい）

87

ネイティブ 100万回 決まり文句 50

コーヒーでもどうだい？

'Some coffee?

[サムカフィ]

分解するとよくわかる

'Some
いくつか

＋

coffee?
コーヒーは?

人に何かを勧めるとき、ネイティブスピーカーは some をかなり使います。クッキーの箱を差しだし、Do you want some?（ほしい?）など。

会話例 (CD 50)

'Some coffee?
コーヒーでもどうだい?

No, I'm good for now.
ううん、いまは大丈夫。

一緒に覚えよう!

Would you like some coffee?（コーヒーはいかがですか?）
※丁寧に言うときはこちらを使ってください。

どうぞ召し上がれ

Bon appetit!

[ボナペティ]

分解するとよくわかる

Bon 良い ＋ **appetit!** 食欲

実はフランス語ですが、ネイティブスピーカーはこれをいつも使います。日本とは違って、食事の際の挨拶（あいさつ）は基本的にありません。Bon appetit! と聞いて、いただく方も Bon appetit! と返すこともよくあります。

CD 51 会話例

Bon appetit!
どうぞ召し上がれ。

Thanks.
ありがとう。

一緒に覚えよう！

Thanks for the nice meal. （ごちそうさま）

ネイティブ 100万回 決まり文句 52

お気に召すといいのですが

I hope you like it.

[アイ **ホ** ゥプユー **ラ** イキッ]

分解するとよくわかる

I hope
私は望む

＋

you like it.
あなたがそれを気に入る

I hope は相手をもてなす際によく使います。英米圏では「たいしたものではありませんが」という謙虚な言い方はせず、どんな贈り物もスペシャル感を出します。I got this especially for you.（この特別な品を君に）

CD 52 会話例

This present is for me?
このプレゼントを私に?

I hope you like it.
お気に召すといいのですが。

一緒に覚えよう!

I hope it's to your liking.（お気に召すといいのですが）
※ちょっと気どった言い方です。

ネイティブ 100万回 決まり文句 53

持ち帰ります

To go, please.

[トゥゴープリーズ]

分解するとよくわかる

To go,
持ち帰り

+

please.
お願い

日本語では「テイクアウト」が浸透していますが、アメリカでは「持ち帰る」ことを to go と言います。反対に「ここで食べる」場合は、For here, please. や Eat here, please と言います。

会話例

For here?
ここで召し上がりますか?

To go, please.
持ち帰ります。

一緒に覚えよう!

A turkey sandwich to go, please. （ターキーサンドを1つ、持ち帰りでお願いします）

ネイティブ 100万回 決まり文句 54

ここは私のおごりよ

It's on me.

[イッ**ツ オ**ン ミィ]

分解するとよくわかる

Lunch is
ランチは

＋

on me.
私の上

on には「〜持ちで」という負担を表す意味があり、It's on me. で「私のおごりよ」になります。

CD 54 会話例

Let's get the bill.
お会計しましょう。

It's on me.
ここは私のおごりよ。

一緒に覚えよう!

It's my treat.（私のおごりよ）

ネイティブ 100万回 決まり文句 ㊹

気前がいいんだね

That's generous of you.

[**ダ**ッ(ツ)ジェネラ**サ**ォヴユー]

分解するとよくわかる

That's generous
気前のよい

＋

of you.
あなたの

generous は「気前のよい」という意味の形容詞です。おごってくれるって?それは気前がいいね!という驚きを込めて That's generous of you. をよく口にします。

会話例

That's generous of you, thanks.
気前がいいんだね、ありがとう。

Don't mention it.
いいのよ。

一緒に覚えよう!

You are very generous. (あなたはとても寛大です)

ネイティブ 100万回 決まり文句 56

先に始めちゃいましょう

Let's just start.

[レッツジャストス**タ**ー]

分解するとよくわかる

Let's	just	start.
〜しましょう	今まさに	始める

遅れている人を待ってられずに、その人抜きで始めたいときに使う決まり文句です。

CD 56 会話例

He always comes late.
彼はいつも来るのが遅いね。

Let's just start.
先に始めちゃいましょう。

一緒に覚えよう!

Let's go ahead and eat.（先に食べましょう）
※食事がすでにテーブルにのっているときなど、この表現もよく使います。

ネイティブ 100万回 決まり文句 57

おつりはとっておいて

Keep the change.

[キープダチェインジ]

分解するとよくわかる

Keep
とっておいて

＋

the change.
おつり

keep には「ある状態をそのままにしておく」という意味があります。また change は両替・お金の交換という意味があり、coin と同じように「小銭・つり銭」の意味を持ちます。

会話例

Keep the change.
おつりはとっておいて。

Thank you. Have a nice day!
ありがとう。よい一日を!

一緒に覚えよう!

It's for you.（おつりはとっておいて）

MORE！　ほかにもこの章のテーマに合う決まり文句があります。チェックしておきましょう。

❶ 彼女は重いものを食べる気分ではない。

She doesn't have a taste for anything heavy.

❸ どうぞ召し上がれ！

Enjoy!

❺ 夜ごはんは私のおごりよ。

Dinner is on me.

❼ 始めようか？

Why don't we start?

❷ あつあつのココアはいかが？

How about some hot cocoa?

❹ 特にあなたのためにこれを手に入れたの！

I got this especially for you!

❻ こんなにたくさん、ありがとう。

Thank you for being so generous.

❽ どうぞどうぞ。

It's all yours.

小テストだニャン

（　　　）の中にはどんな１語が入るでしょうか？

❶ 食事、何にしようか？
What do you have a (　　　) for?

❷ コーヒーでもどうだい？
'(　　　) coffee?

❸ どうぞ召し上がれ。
(　　　) appetit!

❹ お気に召すといいのですが。
I (　　　) you like it.

❺ 持ち帰ります。
To (　　　), please.

❻ ここは私のおごりよ。
It's (　　　) me.

❼ 気前がいいんだね、ありがとう。
That's (　　　) of you. Thanks!

❽ 先に始めちゃいましょう。
　　(　　　　) just start.

❾ おつりはとっておいて。
　Keep the (　　　　).

答え

❶ taste
❷ Some
❸ Bon
❹ hope
❺ go
❻ on
❼ generous
❽ Let's
❾ change

Part 8

話を聞く

ネイティブ 100万回 決まり文句 58

なるほど

I got it.

[アイ**ガ**ディッ]

分解するとよくわかる

I	got	it.
私は	つかんだ	それを

教えられたこと（it）に納得できた（got）。これが「なるほど」「わかった」と言いたいときに使う定番の言い方です。

会話例 CD 58

First, put the money here. Then push this button.
まずここにお金を入れます。それからこのボタンを押してください。

I got it. Thanks!
なるほど。ありがとう。

一緒に覚えよう！

I see.（なるほど）

ネイティブ 100万回 決まり文句 59

それでどうしたの？

Then what?

[デン**ワ**ッ(トゥ)]

分解するとよくわかる

Then
それで

＋

what?
何？

Then what の前に Uh-huh. (うんうん) というあいづちを付けるケースが多いです。頭をこくりと上下に動かしながら、とてもよく使います。

会話例

He knocked on the door.
彼がドアをノックしてさ？

Uh-huh. Then what?
うんうん、それでどうしたの？

一緒に覚えよう！

Then what happened? （それでどうなったの？）

ネイティブ 100万回 決まり文句 ⑥

そう思わない？

Don't you think so?

[ドンチュースィン(ク)ソゥ↗]

分解するとよくわかる

Don't	+	you	+	think so?
～しない		あなたは		そう思う

「これおいしい。ね?」と相手にも同じ思いか聞きたいときに最もよく使う表現です。

会話例 CD 60

This is delicious. Don't you think so?
これはおいしいね。そう思わない?

I agree!
そうだね。

一緒に覚えよう!

I suppose so. (そうかもしれませんね)
※相手の意見に多少賛成するとき、この言い方もよくします。

ネイティブ 100万回 決まり文句 ㊶

たしかにそうだね

You got that right.

🔊 [ユー**ガ**ッダッ**ラ**イッ]

分解するとよくわかる

You	+	got	+	that	+	right.
あなたは		つかんだ		それを		正しく

簡単な単語ばかりですが、日本人の方はあまり習ったことがないかもしれませんね。ニュアンスとしては「あなたのそれに関する解釈は正しいものです」という感じ。ネイティブはたくさん使います。

CD 61 会話例

He's the best golfer in the world.
彼は世界一のゴルファーです。

You got that right.
たしかにそうだね。

一緒に覚えよう!

Yes. You're right.（うん。その通りです）

104

ネイティブ 100万回 決まり文句 62

ある点では、そうだね

In some ways, yes.

[インサムウェイズ イエス]

↓ 分解するとよくわかる

In some ways,
いくつかの解釈では

＋

yes.
そう

ある事象をどう捉えるかによって見方が変わってくるような場合、some ways がその「解釈」のしかたが複数あることを示します。

会話例

Is that confidential?
それは機密事項ですか？

In some ways, yes.
ある点では、そうですね。

一緒に覚えよう！

No way!（ありえない）
※解釈（理解）できる余地（way）がないというニュアンス。

ネイティブ 100万回 決まり文句 ㊿

冗談だよ

Just kidding.

[ジャス**キ**ディン]

分解するとよくわかる

Just
ただの

+

kidding.
からかい

名詞 Kid（子ども）は動詞になると「からかう」「冗談を言う」という意味があります。
No kidding! は「冗談はやめて」「うそでしょ!」と言いたいときによく使います。

会話例

UFO? Where?
UFOだって。どこどこ。

Just kidding.
冗談だよ。

一緒に覚えよう!

You're kidding (me). （うっそー）

ネイティブ 100万回 決まり文句 64

こいつは驚いたな

I was surprised!

[アイワズサプ**ラ**ーイズゥ(ド)]

分解すると よくわかる

I	was surprised!
私は	驚かされた

I surprised! とは言わないのでご注意ください。surprise は「〜を驚かせる」という他動詞だからで、自分が驚いたと言うときは be 動詞を付け was surprised（驚かされた＝驚いた）とします。

CD 64 会話例

I heard you won.
あなたの娘さんが優勝したってよ。

I was surprised!
こいつは驚いたな。

一緒に覚えよう!

It was amazing.（驚いたよ）
※こちらもとてもよく使いますので覚えておきましょう。

MORE!

ほかにもこの章のテーマに合う決まり文句があります。チェックしておきましょう。

❶ なるほど。

That explains it.

❸ このクリームブリュレは絶品ね。ほんとね！

This creme brûlée is fantastic. Isn't this the truth!

❺ ある意味、真実です。

In a way, that's true.

❼ ショックでした。

It was shocking.

❷ うんうん。それでその男の人はどうしたの？

Uh huh. Then, what did the man do?

❹ まったくもって。

Definitely.

❻ へえ、それほんと？

Oh? Is that true?

❽ 信じられない！

Unbelievable!

小テストだニャン

（　　　）の中にはどんな1語が入るでしょうか？

❶ なるほど。ありがとう。
I（　　　）it. Thanks!

❷ うんうん、それでどうしたの？
Uh-huh.（　　　）what?

❸ そう思わない？
（　　　）you think so?

❹ たしかにそうだね。
You（　　　）that right.

❺ ある点では、そうですね。
In some（　　　）, yes.

❻ 冗談だよ。
Just（　　　）.

❼ こいつは驚いたな。
I was（　　　）!

答え

1. got
2. Then
3. Don't
4. got
5. ways
6. kidding
7. surprised

Part 9

ビジネスあいさつ

ネイティブ 100万回 決まり文句 ⑤

お噂(うわさ)はかねがねうかがっております

I've heard all about you.

[アイ(ヴ)ハードゥオウラバウチュ]

分解すると よくわかる

I've heard
聞いています

＋

all about you.
あなたのことを全て

あなたについて all（全て）というと大げさですが、ここでは噂として知り得ること全てというくらいの表し方です。

CD 65 会話例

It's nice to meet you.
はじめまして。

I've heard all about you.
お噂はかねがねうかがっております。

一緒に覚えよう！

I've heard a great deal about you.（お噂はよく聞いています）
※ all の代わりに a great deal（沢山の）もよく使われます。

113

ネイティブ 100万回 決まり文句 ㊻

遠路はるばるお越しくださり、ありがとうございます

Thanks for coming all the way here.

[**サン**クスフォー**カ**ミンオウルダウェイヒア]

分解するとよくわかる

Thanks for coming 来ていただきありがとう	**all the way** 全ての道のり	**here.** ここまでの

「遠路はるばる」をどう英語で表現するかがポイント。ほとんどの人が all the way（すべての道のり） here（ここまでの）という言い方で決まっています。

会話例

Thanks for coming all the way here.
遠路はるばるご足労いただき、ありがとうございます。

I'm glad to be here.
お招きくださり、ありがとうございます。

一緒に覚えよう!

It must have been a journey for you to get here.（ここまで長旅だったことでしょう）
※こういうねぎらい方も Good です。

ネイティブ 100万回 決まり文句 67

どうぞこちらへ

This way, please.

[ディス**ウェ**ィプリーズ]

分解するとよくわかる

This way,	please.
こちらへ	どうぞ

way には「道」「方向」という意味がありますね。

会話例

Where is my seat?
私の席はどこですか?

This way, please.
どうぞこちらへ。

一緒に覚えよう!

Follow me.（こちらへ）
※私についてきてください、という意味でこちらを使うことも多いです。

ネイティブ 100万回 決まり文句 68

どうぞご自由に

Help yourself.

🔊 [ヘゥプユアセルフ]

分解するとよくわかる

Help
手伝う

＋

yourself.
自分で

自分で取って勝手に食べてください、という意味で使われています。help には「助ける」のほか、「手伝う」という意味があります。

会話例 (CD 68)

Is this coffee free?
このコーヒーは無料ですか?

Help yourself.
どうぞご自由に。

一緒に覚えよう!

It's for the taking. (ご自由にお取りください)
Take one. (おひとつどうぞ)

116

ネイティブ 100万回 決まり文句 69

ちょうど君の話をしていたところ

We were just talking about you.

[ウィワージャストーゥキンナバウチュ]

分解するとよくわかる

We were just talking	+	about you.
私たちはちょうど話していた		君について

まさに"噂をすれば影"の状況で、驚くことはよくありますよね。そんなとき口をそろえて言うのがこの表現です。

会話例 CD 69

Hello, everyone!
やあ、みんな!

Hi! We were just talking about you.
やあ!ちょうど君のことを話していたところだよ。

一緒に覚えよう!

Your name just popped up! (ちょうど君のことを話していたところ!)
※ポップコーンでおなじみ pop の意味は「ポンとはじける、現れる」です。

Part. 9 ビジネスあいさつ

ネイティブ 100万回 決まり文句 ⑦

今のところ順調です

So far, so good.

[ソゥ**ファー**ソゥ**グッ**]

分解するとよくわかる

So far,
今までのところ

＋

so good.
とてもよい

far は「遠い」「ずっと」という意味ですが、so far には「今までのところ」という意味があります。これも非常によく使う表現です。

CD 70 会話例

How are things going?
進捗状況はどうかな？

So far, so good.
今のところ順調です。

一緒に覚えよう！

It's all right thus far.（ここまで順調です）
※ thus は「このように」「こうして」という副詞。thus far で「ここまでは」という意味。少しハイクラスな言い方です。

ネイティブ 100万回 決まり文句 71

たびたび失礼します

Sorry to disturb you again.

[ソーリィトゥディスターヴューゲン]

分解するとよくわかる

Sorry to
ごめんなさい

+

disturb you
あなたのじゃまをして

+

again.
再び

ホテルのドアに Do not disturb. カードがついていますが、あれと同じく、相手のじゃまになることを disturb で表現します。

会話例

Sorry to disturb you again.
たびたび失礼します。

What can I do for you now?
今度はどんなご用件でしょう?

一緒に覚えよう!

Sorry to bother you again.（たびたび失礼します）
※ bother（困らせる）はEメールでもよく使います。

MORE！　ほかにもこの章のテーマに合う決まり文句があります。チェックしておきましょう。

❶ 父からあなたのことを聞いています。

My father has told me all about you.

❸ こちらへどうぞ。

Please follow me.

❺ 噂をすれば…

Speak of the Devil!

❼ 何度も中断させてしまい、ごめんなさい。

Sorry to keep interrupting you.

❷ 私どもを訪ねてくださり、ありがとうございます。

Thank you for making a trip out here to see us.

❹ いくつかどうぞ。

Take a few.

❻ 順調です。

Everything is going smoothly.

❽ また会いに来てくださり、ありがとうございます。

I appreciate your seeing me again.

小テストだニャン

（　　　　）の中にはどんな1語が入るでしょうか？

❶ お噂はかねがね伺っております。
I've heard（　　　　）about you.

❷ 遠路はるばるご足労いただき、ありがとうございます。
Thanks for coming（　　　　）the way here.

❸ どうぞこちらへ。
This（　　　　）, please.

❹ どうぞご自由に。
（　　　　）yourself.

❺ やあ！ちょうど君のことを話していたところだよ。
Hi! We were just（　　　　）about you.

❻ 今のところ順調です。
So（　　　　）, so good.

❼ たびたび失礼します。
Sorry to（　　　　）you again.

答え

❶ all
❷ all
❸ way
❹ Help
❺ talking
❻ far
❼ disturb

Part 10

オフィスで

ネイティブ 100万回 決まり文句 72

こんなチャンスは二度とないぜ

It's now or never.

[イッツ**ナウ**ォァ**ネ**バー]

分解するとよくわかる

It's now	+	or	+	never.
今		それとも		なし

めったにお目にかかれない好機にめぐり合わせたときに使う表現です。今のがすともうないかも、というニュアンスです。

会話例

What do you think?
どう思う?

It's now or never.
こんなチャンスは二度とない。

一緒に覚えよう!

We need to jump at this chance!(こんなチャンスは二度とない)

ネイティブ 100万回 決まり文句 73

うまくいけば、ね

If it works out.

[イフィッワークサウト]

分解するとよくわかる

If
もし〜ならば

＋

it
それが

＋

works out.
機能する

work out には「うまくいく」「解く」「トレーニングをする」という複数の意味があり、ここでは一番目の意味を使っています。

CD 73 会話例

We will be millionaires!
億万長者になれるぞ!

If it works out.
うまくいけば、ね。

一緒に覚えよう!

If everything goes as planned.（もしすべてが計画通りになれば、ね）

ネイティブ 100万回 決まり文句 74

それで思い出したよ

That reminds me.

[ダッリ**マ**インズミィ]

分解すると よくわかる

That reminds
それが思い出させる

＋

me.
私に

何かきっかけがあって思い出したときに、つい口からでる決まり文句がこれです。remind は re ＋ mind で「心に再起させる＝思い出させる」という意味です。

会話例

Hey, how's your wife?
ねえ、奥さん元気？

That reminds me. Today is her birthday.
それで思い出したよ。今日は彼女の誕生日なんだ。

一緒に覚えよう！

Now I recall. （いま思い出したよ）

ネイティブ 100万回 決まり文句 ⑦⑤

そりゃそうさ

That makes sense.

[ダッ(ツ) メイクセンス]

分解するとよくわかる

That
それは

＋

makes sense.
理屈を成す

make sense は「納得できる」「合点がいく」という意味です。反対に「それはおかしい」と言いたいときは、That doesn't make sense. となります。

CD 75 会話例

The bank fired him for dishonesty.
彼は不正のため銀行を解雇された。

That makes sense.
そりゃそうだろう。

一緒に覚えよう!

That is so obvious.（あまりにも当たり前／一目瞭然です）

ネイティブ 100万回 決まり文句 ㊻

自業自得さ

It serves him right.

[イッ**サ**ーヴスィム**ラ**イッ]

分解するとよくわかる

It serves him
それは彼に与える

+

right.
当然の報いを

right を「当然の報い」とする決まり文句です。

会話例

His wife left him.
彼の妻は彼のもとから去りました。

It serves him right.
自業自得だな。

一緒に覚えよう！

He asked for it.（彼は自業自得さ）
※直訳すると「彼は自らそれを求めた」となり、この言い方でも OK です。

ネイティブ 100万回 決まり文句 ⑦

ちょっとボーっとしてた

I was daydreaming.

[アイワズデイ**ドゥ**リーミン]

分解するとよくわかる

I was
私は〜だった

＋

daydreaming.
空想にふけっている

daydream は「空想」「白昼夢」の意味があり、動詞になると「空想にふける」です。その事実を過去進行形で表したのが上記の表現になります。

会話例 CD 77

Are you listening to me?
私の話聞いてる?

Oh, sorry. I was daydreaming.
ああ、ごめん。ボーっとしてただけ。

一緒に覚えよう!

I was just absentminded.（ボーッとしていました）
※ absent（不在）＋ mind（心）で「心ここにあらず」ですね。

ネイティブ 100万回 決まり文句 78

それで思い出した

That's news to me.

[ダッ(ツ)ニュートゥミィ]

分解するとよくわかる

That's news
それはニュースだ

＋

to me.
私への

news は記事・情報が流すニュースと、個人的な知らせ・便りという2つの側面があります。good news（よい知らせ）、bad news（わるい知らせ）。

会話例 CD 78

Ken and Anne are getting married.
ケンとアンが結婚するんだって。

That's news to me.
初耳だよ。

一緒に覚えよう！

That's the first I've heard of it.（初耳です）

131

ネイティブ 100万回 決まり文句 ㊻

他人事じゃないね

It concerns all of us.

🔊 [イッコン**サー**ンゾウダヴァス]

分解するとよくわかる

It concerns
それは関係する

＋

all of us.
私たちみんなに

覚えにくそうなフレーズですが、分解するとごくごくシンプルなのがわかります。concern という動詞を使えるようになりましょう。

CD79 会話例

Climate change is real.
気候変動は現実に起こっています。

It concerns all of us.
他人事じゃないわね。

一緒に覚えよう!

It could have been you.（それはあなたに起こっていたかも）
※あなただった（あたなに起こっていた）かもしれないよ、というフレーズもあります。

MORE ! ほかにもこの章のテーマに合う決まり文句があります。チェックしておきましょう。

❶ これは絶好のチャンスだ。

Here is our golden opportunity.

❷ 願っているように物事が運んだらいいね。

If things turn out as we hope.

❸ 今ピンときた。

It just hit me.

❹ もちろんです。

Why not.

❺ 自業自得だ。

You have made your bed.

❻ ボーっとしてゴメン。

Sorry for drifting away.

❼ 朝から彼女は機嫌がわるい。

She got up on the wrong side of the bed.

❽ 他人事じゃないよ。

It's our problem, too.

小テストだニャン

（　　　　）の中にはどんな１語が入るでしょうか？

❶ こんなチャンスは二度とない。
It's now or (　　　　).

❷ うまくいけば、ね。
If it works (　　　　).

❸ それで思い出したよ。
That (　　　　) me.

❹ そりゃそうだろう。
That makes (　　　　).

❺ 自業自得だな。
It serves him (　　　　).

❻ ボーっとしてただけ。
I was (　　　　).

❼ 初耳だよ。
That's (　　　　) to me.

❽ 他人事じゃないわね。
It ( ) all of us.

答え

❶ never
❷ out
❸ reminds
❹ sense
❺ right
❻ daydreaming
❼ news
❽ concerns

Part 11

前置き

ネイティブ 100万回 決まり文句 ⑳

手短かに言えば

To make a long story short

[トゥ**メ**イカ**ロ**ングストウリィ**ショ**ー(トゥ)]

分解するとよくわかる

To make	+	a long story	+	short
～すると		長い話を		短く

このお決まり表現を分解すると、make A B（AをBにする）という構造だとわかります。話せば長くなることを手短かに言う場合、前置きとしてよく使います。

CD 80 会話例

You are leaving?
ここを去るの?

To make a long story short, yes.
手短に言えば、そうなんだ。

一緒に覚えよう!

In short,
In a word, } (要するに)

ネイティブ **100万回** 決まり文句 ㊛

お忙しいところ恐縮ですが

I know you're busy

[アイ ノウ ユア ビズィ]

分解するとよくわかる

I know
知っている

＋

you're busy
あなたが忙しいこと

「恐縮ですが」をわざわざ英語にする必要はありません。相手が忙しいことをわかっている＝I know と言えばOKです。

会話例

I know you're busy, but please send the papers ASAP.
お忙しいところ恐縮ですが、できるだけ早く資料を送ってください。

Right away.
すぐに行きます。

一緒に覚えよう!

I know you have a million things to do, but the papers cannot wait.（お忙しいところ恐縮ですが、資料を待ってる時間はありません［早く資料をください］）

ネイティブ 100万回 決まり文句 82

私の知るかぎりでは

As far as I know

[アズ ファー アザイ ノゥ]

分解するとよくわかる

As far as
〜するかぎり

＋

I know
私が知っている

far には「ずっと」「はるかに」という意味があり、as 〜 as で囲むことによって、「〜まで」「〜するかぎり」という用法を持ちます。

会話例

Is he single?
彼は独身ですか?

As far as I know, he is still unmarried.
私の知るかぎりでは、彼はまだ独り者です。

一緒に覚えよう!

You can stay here as long as you keep quiet. (おとなしくしているかぎり、ここにいていいわよ)
※ as long as は条件、as far as は範囲を表します。

MORE! ほかにもこの章のテーマに合う決まり文句があります。チェックしておきましょう。

❶ 手短かにします。

I will be brief.

❷ ほんの1分です。

This will only take a minute.

❸ 30秒で説明します。

I'll give you the 30-second version.

❹ 時間をとっていただき感謝します。

I appreciate your making time for me.

❺ お忙しいところ時間をとってくれてありがとう。

Thank you for taking time out of your busy schedule for me.

❻ これ以上、何も言えません。

There's nothing more that I can say.

❼ 私の知るかぎり、彼はまだ到着しません。

As far as I know, he has not arrived.

❽ これが私の知っているすべてです。

This is all the information that I have.

小テストだニャン

( )の中にはどんな１語が入るでしょうか？

❶ 手短かに言えば、そうなんだ。
　To（　　　）a long story short, yes.

❷ お忙しいところ恐縮ですが、できるだけ早く資料を送ってください。
　I（　　　）you're busy, but please send the papers ASAP.

❸ 私の知るかぎりでは、彼はまだ独り者です。
　As（　　　）as I know, he is still unmarried.

答え

❶ make
❷ know
❸ far

英語索引

A

A turkey sandwich to go, please. ·····91
Already? You just got here! ············13
Are you available? ···························26
Are you sure? ····································48
As far as I know, ·····························139
As far as I know, he has not arrived.
···140
A.S.A.P. ···33

B

Better than nothing. ························55
Bon appetit! ·····································89

C

Can you make it? ·····························26
Come on, let's move on! ··················54
Could you lend me a hand? ············27
Could you help me? ·························27
Could I ask you to do something for me? ···29

D

Definitely. ······································109

Did you just find out? ······················81
Dinner is on me. ·····························96
Do you happen to know his phone number? ···75
Do you mind my asking your name?
···29
Don't jump to conclusions. ·············35
Don't tell a soul. ·····························40
Don't you think so? ·······················103
Don't mention it. ·····························80

E

Email, OK? ·······································16
Enjoy! ···96
Enough is enough. ··························63
Everything is going smoothly. ······121
Excuse me for asking. ····················23

F

Follow me. ·····································115

G

Get over it. ······································54
Give me a break. ····························63

143

Give my regards to your wife. …… 14

H

He asked for it. …… 129
He went easy on me this time. …… 69
Hello there. …… 9
Help yourself. …… 116
Here comes trouble. …… 78
Here is our golden opportunity. …… 133
Hi, there. …… 9
Hold your horses! …… 35
How about some hot cocoa? …… 97
How are things? …… 11
How could you say such a thing? …… 76
How dare you say that? …… 76
How did you know? …… 39
How do you do? …… 10
How in the world do you know such things? …… 41
How inconvenient. …… 50
How many times do I have to repeat myself? …… 62
How's going? …… 11
How've you been? …… 11

I

I am over the moon! …… 74
I appreciate your making time for me. …… 140
I appreciate your seeing me again. …… 121
I can't take it any more. …… 64
I could have been you. …… 132
I don't know what to say. …… 81
I don't need your opinion. …… 65
I get the picture. …… 46
I got it. …… 101
I got this especially for you! …… 97
I happened to meet Kathy there. …… 75
I heard about your promotion. …… 18
I hope you like it. …… 90
I hope it's to your liking. …… 90
I know you're busy …… 138
I know you have a million things to do, but the papers cannot wait. …… 138
I need your assistance. …… 27
I suppose so. …… 103
I owe you one. …… 28

I was daydreaming.	130
I was just absentminded.	130
I'd be glad to.	24
I'd be happy to help.	29
I'd better be going.	13
I'd like pancakes.	87
If everything goes as planned.	126
If it works out.	126
If things turn out as we hope.	133
I'll be looking forward to hearing from you.	16
I'll give you the 30-second version.	140
I'll let it slide this time.	53
I'll overlook it this time.	53
I'm happy right now.	41
I'm not saying this again.	68
I'm on top of the world!	81
I'm reassured.	79
I'm relieved!	79
I'm running behind schedule.	37
I'm so glad!	81
I'm sorry to hear that.	51
I'm speechless!	48
I'm tired of saying this to you over and over.	62
Impossible!	49
In a word,	137
In a way, that's true.	108
In cut,	137
In short,	137
In some ways, yes.	105
Is that true?	109
It can't be helped.	52
It concerns all of us.	132
It just hit me.	133
It must have been a journey for you to get here.	114
It serves him right.	129
It slipped my mind completely.	77
It's all right thus far.	118
It's all yours.	97
It's been a rough few months.	18
It's for the taking.	116
It's for you.	95
It's good to meet you!	10
It's great to see you!	18
It's just right.	57

It's my treat. ··92
It's no big deal. ·································80
It's none of your business. ·············65
It's not much but it is something.
··57
It's now or never. ························· 125
It's on me. ··92
It's our problem, too. ··················· 133
It's out of my hands. ·······················68
It's wonderful to meet you! ·········10
It's worth a try. ·································47
It's worth checking. ·······················47
I've had it. ··69
I've heard a great deal about you.
··· 113
I've heard all about you. ············ 113
I've never been happier. ···············74
It was really good seeing you. ········19
It was shocking. ····························· 108
I see. ·· 101
I was amazing. ······························· 107
I was wondering if you would do me a favor. ·······································29

I went to the airport to see him off.
··15
I will be brief. ·································· 140

J
Just kidding. ··································· 106

K
Keep in touch. ··································16
Keep the change. ····························95

L
Leave it up to me. ···························38
Let's go ahead and eat. ················94
Let's just start. ································94

M
May I ask if you're going to the meeting? ···································29
May I ask favor? ······························25
May I ask something? ···················23
Maybe you should try some other way. ···69

My father has told me all about you. ·················· 120

My goodness. ·················· 61

My hands are tied. ·················· 66

N

Next time it will be my turn. ·················· 29

No more. ·················· 64

No sweat. ·················· 24

No way! ·················· 105

No wonder! ·················· 45

Nonsense! ·················· 67

Not so fast. ·················· 41

Not bad. How about you? ·················· 19

Nothing to it. ·················· 24

Now I recall. ·················· 127

Now I see. ·················· 56

O

Oh, boy. ·················· 69

Oh dear. ·················· 61

Oh, I almost forgot. ·················· 81

Oh, there's nothing new. ·················· 12

Oh, well. ·················· 56

Oops, maybe you didn't know. ·················· 81

P

Please follow me. ·················· 120

Please take care. ·················· 17

S

Same as always. ·················· 12

Say hello to your daughter for me. ·················· 14

She doesn't have a taste for anything heavy. ·················· 96

She got up on the wrong side of the bed. ·················· 133

So far, so good. ·················· 118

'Some coffee? ·················· 88

Sorry to disturb you again. ·················· 119

Sorry for drifting away. ·················· 133

Sorry to bother you again. ·················· 119

Sorry to keep interrupting you. ·················· 120

Speak of the Devil! ·················· 120

Stop living in the past. ·················· 57

Sure, anything. ·················· 29

T

Take a few. ··· 121
Take one. ··· 116
Thanks for the nice meal. ················· 89
Thank you for being so generous.
··97
Thank you for making a trip out here to see us. ··············· 121
Thank you for seeing me off. ·········· 15
Thank you for taking time out of your busy schedule for me. ············· 140
Thank you. You too. ························· 17
Thanks for coming all the way here.
···114
Thanks for dropping by. ··················· 18
That explains it. ······························ 108
That is unthinkable. ························· 68
That makes sense. ····················· 46, 128
That must be difficult for you. ········· 51
That reminds me. ··························· 127
That was the reason! ······················· 45
That work is 3 days behind schedule.
··37
That won't do it. ······························· 67
That's a bad sign. ···························· 78
That's fine with me. ························· 36
That's generous of you. ··················· 93
That's much better than nothing. ···· 55
That's news to me. ························ 131
That's okay with me. ························ 36
That's out of the question. ·············· 49
That's the first I've heard of it. ······· 131
The sooner the better. ···················· 33
Then, what did the man do? ········· 109
Then what happened? ··················· 102
Then what? ····································· 102
There's nothing more that I can say.
···140
There's nothing that I can do about it.
···66
There's nothing you can do now. ···· 52
This is a secret. ······························· 34
This is all the information that I have.
···140
This is for your eyes only. ·········· 34, 40
This is just between you and me. ···· 34
This is so obvious. ························ 128
This could turn sour. ······················· 81

This creme brulee is fantastic. Isn't this the truth! ·········· 108
This way, please. ·········· 115
This will only take a minute. ·········· 140
To go, please. ·········· 91
To make a long story short, ·········· 137

W

Wait, hear me out. ·········· 40
We are a week behind schedule. ·········· 37
We need to jump at this chance! ·········· 125
We were just talking about you. ·········· 117
Well, good morning there. ·········· 9
Well, it's getting late. ·········· 19
We're in a pickle. ·········· 56
We're in a tight spot. ·········· 50
I was surprised! ·········· 107
What a bummer. ·········· 57
What a sweet thing to say! ·········· 73
What do you have a taste for? ·········· 87
What do you have in mind? ·········· 29
What has happened has happened. ·········· 56

What makes you get it? ·········· 39
What you feel like eating? ·········· 87
Whew! ·········· 68
Why don't we start? ·········· 96
Why not. ·········· 133
Would you do me a favor? ·········· 25
Would you like some coffee? ·········· 88

U

Unbelievable! ·········· 109

Y

Year, it's getting dark outside. ·········· 13
Yes. You're right. ·········· 104
You are very generous. ·········· 93
You can depend on me. ·········· 38
You can stay here as long as you keep quiet. ·········· 139
You're kidding me. ·········· 106
You're looking good. ·········· 19
You've got a point. ·········· 46
You got that right. ·········· 104
You have made your bed. ·········· 133
You just made my day! ·········· 73

You make me happy. ······················81

You owe me one. ·····························28

Your name has slipped my mind. ····77

Your name just popped up! ············117

日本語から引ける 索引

あ

30秒で説明します …………… 140
ああ、ほっとした…………………79
相変わらずです ……………………12
会えてうれしいです ………………18
朝から彼女は機嫌がわるい ………133
あつあつのココアはいかが？………97
あなたの助けが必要なの …………27
あなたはとても寛大です …………93
あまりにも当たり前／一目瞭然です
　……………………………… 128
あら、皆さん、おはよう ……………9
あらら ………………………………56
ありえない………………………… 105
ありがとう、あなたもね ……………17
ある意味、真実です ……………… 108
ある点では、そうだね………………105
いくつかどうぞ…………………… 121
いったいぜんたいどうしてそんなことが
　わかるの？ ……………………41
行ってみる価値はあるよ ……………47
いま思い出したよ……………………127

今のところ順調です …………… 118
今ピンときた ……………………… 133
今わかった…………………………56
今わかったかい？ ……………………81
今を生きようよ ……………………57
意味ないよ！ ………………………67
イヤな方向に向かうかも ……………81
うそでしょ！ …………………… 106
うっそー …………………………… 106
うまくいけば、ね………………… 126
嬉しいことを言ってくれますね ………73
噂をすれば… …………………… 120
うん。その通りです ………………104
うんうん、それでどうしたの？ ……… 102
うんうん。それでその男の人はどうした
　の？ …………………………… 109
遠路はるばるお越しくださりありがとう
　ございます …………………… 114
お忙しいところ恐縮ですが…………… 137
お忙しいところ恐縮ですが、資料を待っ
　てる時間はありません …………… 138

お忙しいところ時間をとってくれてありがとう ………… 140
お噂はかねがねうかがっております · 113
お噂はよく聞いています ……………… 113
大目に見てやろうよ ………………… 53
お気に召すといいんですが ………… 90
奥さんによろしく ……………………… 14
お辛いことでしょう …………………… 51
おつりはとっておいて ………………… 95
おとなしくしているかぎり、ここにいてもいいわよ ………………… 139
驚いたよ ……………………………… 107
お名前をうかがってもよろしいですか？ ………………………………… 29
お名前を忘れてしまいました ………… 77
お願いがあるんですが ………………… 25
お願いを聞いていただけるかしら？ … 29
お見送りありがとう …………………… 15
おひとつどうぞ ……………………… 116
お役に立ててうれしい ………………… 29
お安い御用です ……………………… 24

か

会議にご出席しますか？ ……………… 29
彼女は重いものを食べる気分ではない ………………………………… 96
体に気をつけて ……………………… 17
彼は自業自得さ …………………… 129
彼を見送りに空港へ行きました ……… 15
変わらないよ ………………………… 12
かんべんして ………………………… 63
気前がいいんだね …………………… 93
元気そうだね ………………………… 19
元気だせって ………………………… 54
こいつは驚いたな …………………… 107
こいつはまずいな ……………………… 78
こいつはやばいな ……………………… 78
コーヒーでもどうだい？ ……………… 88
コーヒーはいかがですか？ …………… 88
ここ数カ月はたいへんだった ………… 18
ここは私に任せて …………………… 38
ここは私のおごりよ …………………… 92
ここまで順調です …………………… 118
ここまで長旅だったことでしょう …… 114

153

ご自由にお取りください	116
ごちそうさま	88
こちらへ	115
こちらへどうぞ	120
ご都合いかが？	26
ご都合いかがでしょうか？	26
このクリームブリュレは絶品ね。ほんとね！	108
困ったことになった	56
これ以上、何も言えません	140
これ以上はもういや	64
これが私が知っているすべてです	140
これは秘密だけど	34, 40
これは絶好のチャンスだ	133
今回は大目にみてやろう	53
今回は彼は僕に甘かった	69
こんなチャンスは二度とないぜ	125
こんなにうれしかったことはないよ	74
こんなにたくさん、ありがとう	97
こんにちは	9
こんにちは、皆さん	9

さ

最後まで聞いて	40
先に食べましょう	94
先に始めちゃいましょう	94
残念だったね	51
しかたがないな	52
しかたがないよ	52
時間をとっていただき感謝します	140
自業自得さ	129
自業自得だ	133
していただきたいことがあるのですが	29
順調です	121
状況がわかった、読めた	46
昇進が決まったんだって	18
ショックです	108
信じられない！	109
少しだけどゼロよりまし	57
済んだことをくよくよしなさんな	54
そいつは困りましたね	50
そう思わない？	103
そうかもしれませんね	103

そうだね、外が暗くなってきた	13
すぐに対処します	40
その作業は予定より3日遅れている	37
そりゃそうさ	128
それで思い出した	131
それで思い出したよ	127
それで結構です	36, 41
それでどうなったの？	102
それはあなたに起こっていたかも	132
それは意外ですね	48
それは一理ある	46
それは何の意味もなさないよ	67

た

ターキーサンドを1つ、持ち帰りでお願いします	91
たいしたことじゃないよ	80
だからか！	45
たしかにそうだね	104
他人事じゃないよ	133
たびたび失礼します	119
たまたまそこでキャシーに会った	75
父からあなたのことを聞いています	120
ちょうどいい	57
ちょうど君の話をしていたところ	117
ちょっとお尋ねします	23
ちょっと手を貸してくれませんか？	27
ちょっとボーっとしてた	130
ちょっと待って	41
つかぬことをうかがいますが	23
次は私の番です	29
できるだけ早く	33
手伝ってくれる？	27
手短かに言えば	136
手短かにします	140
天にも昇るうれしい気持ちです！	74
どうしてた？	11
どうしてる？	11
どうしてわかったの？	39
どうしてわかるの？	39
どうぞご自由に	116
どうぞこちらへ	115
どうぞどうぞ	97

どうぞ召し上がれ	89
どうぞ召し上がれ	96
どうりで！	45
とってもうれしい	81
特にあなたのためにこれを手に入れたの！	97
とんでもない	68
どんなこと？	29

な

ないよりはましだよ	55
何が食べたい？	87
何にしようか？	87
何もないよりずっとましだろ	55
なるほど	101, 108
なるほど	101
何回もあなたにこれを言うのに疲れました	62
なんて言えばいいのか分からない	81
なんてうれしい言葉なんでしょう！	73
なんてこった	61
なんて残念なことなの	57
何度言ったらわかるんだ	62
何度も中断させてしまい、ごめんなさい	120
二度と言いません	68
願っているように物事が運んだらいいね	133

は

はじめまして	10
始めようか？	96
初耳です	131
早ければ早いほどいい	33
早とちりしないで	35
他人事じゃないね	132
ひとつ貸しができたね	28
ひとつ借りができたね	28
秘密だよ	34, 40
ひょっとして知ってる？	75
不可能です！	49
覆水盆に返らず	56
へえ、それほんと？	109
他のやり方を試してみては	69

ボーっとしていました	130
ボーっとしてゴメン	133
ホットケーキが食べたい	87
ほっとしました	79
本当ですか？ワオ	48
本当に会えてよかったわ	19
ほんの1分です	140

ま

また会いに来てくださり、ありがとうございます	121
まったくもって	109
娘さんによろしくね	14
メールしてね	16
もううんざり	63
もう我慢できない	64
もう来た？着いたばかりよ	13
もうこれ以上ダメ	69
もうこんな時間になっちゃった	19
もう失礼しなきゃ	13
もしすべてが計画通りになれば、ね	126

持ち帰ります	91
もちろん、何でも言って	29
もちろんです	133

や

やってみる価値はある	47
ヤバッ、忘れてた	77
やれやれ（安心したとき）	68
やれやれ（困ったとき）	69
やれやれ	61
要するに	137
よくそんな口がきけるな！	76
よくもまあ言えたもんだ	76
余計なお世話よ	65
余計なお世話よ	65
寄ってくれてありがとう	18
予定より遅れている	37
夜ごはんは私のおごりよ	96
喜んで	24

ら

理にかなっている	46

連絡してね……………………………… 16

連絡をいただくのを楽しみにしています

………………………………………………… 16

論外です ………………………………… 49

わ

私、頼りになるよ……………………… 38

私たちは1週間遅れている …………… 37

私どもを訪ねてくださり、ありがとうご

ざいます ……………………………… 121

私にはどうしようもありません ……… 66

私にはどうしようもありません ……… 66

私のおごりよ …………………………… 92

私の知るかぎり、彼はまだ到着しません

………………………………………… 140

私の知る限りでは……………………… 138

私の手を離れました …………………… 68

わるくないよ。君は？ ………………… 19

●著者紹介●

リサ・ヴォート　Lisa Vogt

アメリカ・ワシントン州生まれ。メリーランド州立大学で日本研究準学士、経営学学士を、テンプル大学大学院にて TESOL（英語教育学）修士を修める。専門は英語教育、応用言語学。2007 年から 2010 年まで NHK ラジオ「英語ものしり倶楽部」講師を務める。現在、明治大学特任教授、青山学院大学講師として教鞭を執りながら、異文化コミュニケーターとして新聞・雑誌のエッセイ執筆など幅広く活躍。一方、写真家として世界 6 大陸 50 カ国を旅する。最北地は北極圏でのシロクマ撮影で BBC 賞受賞。最南地は南極大陸でのペンギン撮影。
著書『魔法のリスニング』『魔法の英語 耳づくり』『もっと魔法のリスニング』『魔法の英語なめらか口づくり』『超一流の英会話』『単語でカンタン！旅じょうず英会話』（Ｊリサーチ出版）ほか多数。

カバーデザイン	滝デザイン事務所	CD ナレーション	Hannah Grace
本文デザイン／DTP	土岐晋二／秀文社		Peter Gomm
本文イラスト	田中斉		都さゆり

J 新書 32
100万回ネイティブが使っている英会話決まり文句

平成27年（2015年）4月10日　初版第 1 刷発行

著　者　　リサ・ヴォート
発行人　　福田富与
発行所　　有限会社 J リサーチ出版
　　　　　〒166-0002　東京都杉並区高円寺北 2-29-14-705
　　　　　電　話　03(6808)8801(代)　FAX 03(5364)5310
　　　　　編集部　03(6808)8806
　　　　　http://www.jresearch.co.jp
印刷所　　株式会社 シナノ パブリッシング プレス

ISBN978-4-86392-224-2　　禁無断転載。なお、乱丁・落丁はお取り替えいたします。
©2015 Lisa Vogt, All rights reserved.

全国書店にて好評発売中!

元NHKラジオ講師 リサ・ヴォートの
英語リスニング&発音の本

各CD付、コンパクトサイズ、定価1,000円（本体）

とってもわかりやすいと大評判

J新書17
英語の音がどんどん聞き取れる
魔法のリスニング
英語の耳づくりルール120

CD付

英語の音は2語・3語の連結で聞き取る。初心者でも十分ナチュラルスピードが聞き取れるようになります。日常最も使われる重要表現ばかりを厳選。CDにはゆっくり・ナチュラルスピードの2回読みを収録。

リサ・ヴォート　著
定価1,000円（本体）

売れてます!

(日本テレビ系『世界一受けたい授業』に英語の先生役として出演)

J新書23
映画のセリフもどんどんキャッチできる
魔法の英語 耳づくり
聞き取れない音をゼロにする集中耳トレ120

CD付

アルファベットごとに英語特有の聞き取りづらい音の連結・消失パターンを集中トレーニング。ネイティブのナチュラルな会話がしっかり聞き取れる力が身につきます。

リサ・ヴォート　著／定価1,000円（本体）

J新書27
ネイティブにどんどん通じる
魔法の英語なめらか口づくり
発音できない音をゼロにする集中舌トレ120

CD付

coffee（コーヒー）→カフィ、stew（シチュー）→ス2(two)というように、小難しい発音記号を一切無にせず、日本人が最もマスターしやすい形で手軽に練習できる。英会話で使う頻度が高い120語をピックアップ。CDをまねて声に出すだけで発音の基本が身につく。

リサ・ヴォート　著／定価1,000円（本体）

J新書30
ナチュラルスピードがどんどん聞き取れる
もっと魔法のリスニング
英語の耳づくりエクササイズ120

CD付

あらかじめ英語の音変化を知り、短めのセンテンスで聞き慣れておくことでネイティブスピーカーの早口英語が聞き取れる。シンプルな練習でリスニングの即力がつきます。

リサ・ヴォート　著／定価1,000円（本

---

http://www.jresearch.co.jp　**Jリサーチ出版**　〒166-0002 東京都杉並区高円寺北2-29-14-705
TEL03-6808-8801 FAX03-5364-5310